# ¿Qué puedes hacer tú?

por Linda Lott
ilustrado por Ginger Nielson

**Scott Foresman**
is an imprint of

**PEARSON**

Glenview, Illinois • Boston, Massachusetts • Chandler, Arizona
Upper Saddle River, New Jersey

Illustrations by Ginger Nielson

ISBN 13: 978-0-328-53446-3
ISBN 10:     0-328-53446-3

**Copyright © by Pearson Education, Inc., or its affiliates.** All rights reserved. Printed in the United States of America. This publication is protected by copyright, and permission should be obtained from the publisher prior to any prohibited reproduction, storage in a retrieval system, or transmission in any form or by any means, electronic, mechanical, photocopying, recording, or likewise. For information regarding permissions, write to Pearson Curriculum Rights & Permissions, One Lake Street, Upper Saddle River, New Jersey 07458.

**Pearson®** is a trademark, in the U.S. and/or other countries, of Pearson plc or its affiliates.

**Scott Foresman®** is a trademark, in the U.S. and/or other countries, of Pearson Education, Inc., or its affiliates.

2 3 4 5 6 7 8 9 10 V0N4 13 12 11 10

¿Qué puedes hacer tú para ayudar a los demás? A algunos no les gusta responder a esta pregunta. Otros dicen con indiferencia: "Aunque yo me quejo y gruño, aquél se encoge de hombros y no hace nada. Entonces, ¿por qué tengo yo que hacer algo?".

Muchas otras personas buscan maneras de ayudar. Solucionan problemas cuando los encuentran. ¿Qué puedes hacer tú para ayudar a tu comunidad?

## Haz feliz a otra persona

No sólo los adultos pueden ayudar a otras personas. Diana es vecina de la señora Revuelta, pero no hablaba mucho con ella. Un día, Diana notó que la señora Revuelta se veía triste y desconsolada.

Diana decidió visitarla. La señora Revuelta reaccionó con mucha alegría al verla. Hablaron y jugaron juegos de mesa. Ahora Diana la visita cada semana. La señora Revuelta se siente reanimada.

## Mejora las cosas

Algunos niños pensaban que el parque estaba en mal estado. Los columpios estaban rotos. No había plantas. Los niños decidieron que en vez de quejarse y no hacer nada, había que arreglar el parque.

Los niños ayudaron a plantar un jardín. Algunos de sus padres arreglaron los columpios. Ahora el parque se ve mucho mejor. Los niños pequeños pueden disfrutar de los columpios.

## Limpia y recoge

El parque municipal estaba lleno de hierba mala. Había basura por todos lados. Era desagradable jugar ahí porque estaba muy feo y sucio. ¿Qué pueden hacer los niños?

Los niños se reúnen los sábados a la 1:00 P.M. para arrancar la hierba mala. También recogen la basura y la ponen en bolsas. Cuando terminan, ¡se van a jugar!

## Escribe cartas

Una calle con mucho tráfico era peligrosa porque los carros pasaban muy rápido.

Los niños escribieron una carta al alcalde. Mucha otra gente también pensaba que esa calle era insegura. Los niños les pidieron que firmaran la carta.

Entre todos los niños, recolectaron muchas firmas. Llevaron la carta al alcalde. La ciudad redujo el límite de velocidad en esa calle.

## ¿Qué puedes hacer tú?

Si tú encuentras un problema, tienes que hacer un plan. Pide a tus amigos que te ayuden. Entre todos, pueden solucionar un problema que parece imposible.

¿Qué puedes hacer tú para ayudar a tu comunidad?